Vida sana

Productos lácteos

por Vanessa Black

Bullfrog Books

Ideas para padres y maestros

Bullfrog Books permite a los niños practicar la lectura de texto informacional desde el nivel principiante. Repeticiones, palabras conocidas y descripciones en las imágenes ayudan a los lectores principiantes.

Antes de leer

- Hablen acerca de las fotografías. ¿Qué representan para ellos?
- Consulten juntos el glosario de fotografías. Lean las palabras y hablen de ellas.

Durante la lectura

- Hojeen a través del libro y observen las fotografías. Deje que el niño haga preguntas. Muestre las descripciones en las imágenes.
- Lea el libro al niño, o deje que él o ella lo lea independientemente.

Después de leer

- Anime a que el niño piense más. Pregúntele: ¿Cuántas porciones de productos lácteos crees que comes al día? ¿Cuál es tu producto lácteo favorito?

Bullfrog Books are published by Jump!
5357 Penn Avenue South
Minneapolis, MN 55419
www.jumplibrary.com

Library of Congress Cataloging-in-Publication Data

Names: Black, Vanessa, 1973– author.
Title: Productos laìcteos / por Vanessa Black.
Other titles: Dairy foods. Spanish
Description: Minneapolis, MN: Jump!, Inc., [2017]
Series: Vida sana
"Bullfrog Books are published by Jump!"
Audience: Ages 5–8. | Audience: K to grade 3.
Includes bibliographical references and index.
Identifiers: LCCN 2016042862 (print)
LCCN 2016045525 (ebook)
ISBN 9781620316481 (hardcover: alk. paper)
ISBN 9781620316559 (pbk.)
ISBN 9781624965326 (ebook)
Subjects: LCSH: Dairy products in human nutrition—Juvenile literature. | Nutrition—Juvenile literature. | Diet—Juvenile literature. Health—Juvenile literature.
Classification: LCC TX377 .B5318 2017 (print)
LCC TX377 (ebook) | DDC 641.3/7—dc23
LC record available at https://lccn.loc.gov/2016042862

Editor: Jenny Fretland VanVoorst
Book Designer: Molly Ballanger
Photo Researcher: Molly Ballanger
Translator: RAM Translations

Photo Credits: All photos by Shutterstock except: Getty, 12–13, 18–19, 20–21; iStock, 9; Thinkstock, 1.

Printed in the United States of America at Corporate Graphics in North Mankato, Minnesota.

Tabla de contenido

¡Tómatela!

Lena toma un vaso con leche.

¡Ahh! La leche sabe bien.

También es buena para tu salud.

La leche contiene calcio.

Contiene vitamina D.

Nutrition Facts
Serving Size 1 cup (240 mL)
Servings Per Container about 8
Amount Per Serving
Calories 110 Calories from Fat 20
% Daily Value
Total Fat 2.5g 4%
Saturated Fat 1.5g 8%
Trans Fat 0g
Cholesterol 15mg 4%
Sodium 130mg 5%
Total Carbohydrate 13g 4%
Dietary Fiber 0g 0%
Sugars 12g
Protein 9g 18%
Vitamin A 10% • Vitamin C 4%
Calcium 30% • Iron 0% • Vitamin D 25%
calcio
vitamina D

La leche ayuda a que tus huesos y dientes crezcan.

Los fortalece.

¿De dónde viene la leche?

¡De los mamíferos!

Los mamíferos producen leche para alimentar a sus crías.

leche

La mayoría de la leche que tomamos proviene de las vacas.

Los alimentos hechos a base de leche son productos lácteos.

El yogurt se hace con leche.

También el queso.

leche
queso
yogurt

Es hora de comer algo.

Ty come yogurt.

Saúl prueba queso de hebra.

Tina ganó el concurso de ortografía. Ganó un premio lácteo.

¿Qué es?

¡Helado! ¡Qué rico!

Tu porción diaria de productos lácteos

Necesitas tres porciones de productos lácteos al día.

Glosario con fotografías

calcio
Elemento que ayuda al cuerpo a construir huesos y dientes fuertes.

mamíferos
Animales que son de sangre caliente, tienen pelo o pelaje, y producen leche para sus crías.

productos lácteos
Alimentos hechos a base de leche.

queso de hebra
Una variedad de queso que se puede pelar en tiras.

vitamina D
Sustancia química que ayuda a mantener los huesos fuertes.

yogurt
Producto lácteo que se produce al agregar bacteria a la leche.

Índice

Para aprender más

Aprender más es tan fácil como 1, 2, 3.

1) Visite www.factsurfer.com

2) Escriba "productoslácteos" en la caja de búsqueda.

3) Haga clic en el botón "Surf" para obtener una lista de sitios web.

Con factsurfer.com, más información está a solo un clic de distancia.